LETTRE

De l'Auteur de la double Traduction Littérale & Poétique des Pseaumes de David, suivant la Vulgate, à un Ami, qui lui a fait quelques observations sur l'Essai de cet Ouvrage, imprimé chez Thiboust, Imprimeur du Roy, Place de Cambray.

VOUS me donnez, MONSIEUR, une preuve de votre amitié, en me disant sans déguisement ce que l'on pense de ma double Traduction Littérale & Poëtique des Pseaumes de David : mais vous avez de moi trop bonne opinion, quand vous croyez que je pouvois me méfier moins de moi-même, & ne pas présenter au Public un simple Essai des XXVI premiers Pseaumes. Songez qu'après des Traductions Françoises, cent fois tentées depuis un siécle, un nouveau Traducteur a dû craindre que le Public ne se rebutât : j'ai dû par modestie douter de la bonté de mon travail ; & par prudence, du succès. J'ai traduit tous les Pseaumes ; mais j'ai dû, & je l'ai dit dans ma Préface, pressentir par un Essai les personnes éclairées, pour sçavoir si elles ne trouveront pas quelque défaut à corriger dans mon Plan, ou quelque perfection qu'il soit nécessaire d'y ajouter. Aurois-je été sage, d'entreprendre une impression dispendieuse, pour suivre un Plan jusqu'ici peu connu, sans m'être assuré du goût du Public ?

Mon zéle pour le contenter ne s'endormira pas : j'en dispose actuellement cinquante, dont la moitié a déja subi l'Examen ; j'y vais présenter l'autre ; & je les ferai passer à l'impression, dès que j'aurai lieu de croire que le Public me fera la grace de les recevoir avec quelque empressement. Il aura ainsi dans peu un premier Volume de soixante-quinze Pseaumes, qui en feuilles ne coutera que *trois livres.*

Vous me consolez, quand vous m'assurez que le plus

A

grand défaut, que l'on ait trouvé dans mon Essai, vient de la conformité de la Traduction Poëtique avec la Littérale, dans un grand nombre d'endroits ; conformité qui annonce trop souvent qu'il eut mieux valu n'en donner qu'une. Je ne crains point de vous dire, que ce défaut changera de nom, & sera regardé comme un arrangement nécessaire ; pour peu que l'on pese les raisons, qui m'ont fait prendre le parti de présenter deux Traductions.

La Vulgate étant un Latin Poëtique, qui en bien des endroits est intelligible, & dont le sens se présente de lui-même ; la Traduction Poëtique alors ne doit rien avoir qui la distingue de la Littérale ; & j'ai évité dans la Poëtique d'introduire aucun tour ou expression libres, qui fussent de moi ; les moindres libertés étans vicieuses dans la Traduction d'un Livre Sacré. J'ai mieux aimé alors rendre uniformes les deux Traductions, que de hazarder le moindre changement, qui n'eut pû qu'affoiblir le Texte Latin, d'autant plus riche, qu'il est extrêmement concis.

Vouloir jetter de l'élevation dans tous les endroits des Pseaumes, où l'on voit régner une belle simplicité ; c'est vouloir détruire dans ces Poësies l'œconomie qui les rend parfaites. C'est cette simplicité, qui fait mieux appercevoir les riches traits qui en sortent & qui frappent. En croyant m'élever, j'eusse affoibli les Pseaumes : j'ai mieux aimé laisser toujours parler David, que de chercher à lui prêter mes expressions ; qui jamais n'eussent valu les siennes aux yeux des connoisseurs. S'ils veulent me faire la grace de suppléer à mon incapacité, je recevrai avec joye leurs avis, pour la perfection de mon Ouvrage.

Quant aux endroits, où la Vulgate est difficile à lier & à expliquer ; si j'ai ajouté quelque chose à la Poëtique, pour la rendre plus coulante ; j'ai dû dans la Littérale tout négliger, pour la rendre visiblement conforme à la Vulgate ; & prouver ainsi l'exactitude du tour François, un peu plus libre dans la Poëtique.

Je sçai que pour éviter l'ennui des répétitions dans deux Traductions, j'aurois pû ne donner que la Poëtique, &

faire passer dans les Notes les explications nécessaires, pour exposer la lettre : mais après avoir tenté l'usage de cet arrangement, j'ai vû qu'il eut trop multiplié les Notes, & les eut surchargé d'un détail ennuieux, pour prouver les liaisons de chaque verset, traduit à la lettre, avec les autres versets précédens ou suivans. Ainsi pour ne pas fatiguer le Lecteur, par la longueur d'un examen sec & épineux, j'ai cru plus simple & plus sûr de l'ennuier un peu, par la lecture des endroits, qui se trouvent uniformement rendus dans l'une & l'autre Traduction; ennui qu'il lui est facile d'éviter, & qu'il ne reçoit que quand il a la curiosité d'examiner. Alors il s'en trouve dédommagé, par la facilité de trouver de suite dans la Littérale le Pseaume entier, lié dans toutes ses parties; de pouvoir ainsi presque d'un coup d'œil comparer deux Traductions pour les endroits difficiles, & reconnoître par conséquent si la Traduction Poëtique est exactement conforme à la Vulgate.

Je me suis fait un devoir essentiel de menager la facilité de cet examen, même à ceux qui n'entendent point le Latin. Plusieurs, aimant sans prévention les vérités du salut, & s'exerçant dans la priere, peuvent être tentés du désir infiniment loüable de méditer les Pseaumes, & de bien comprendre les instructions qui y sont renfermées; pour mieux entrer dans les sentimens que doivent donner des prieres inspirées par l'Esprit-Saint : je leur donne le moyen d'examiner & de me juger, par la comparaison qu'ils peuvent faire de ma double Traduction, suivant la Vulgate, avec les Traductions qu'ils jugeront à propos de choisir, dans le grand nombre de celles répanduës dans le Public, sur-tout suivant l'Hebreu : je les mets en état de voir, si l'exactitude de mes Traductions prouve que je n'aye pas abondé dans mon sens.

Que l'on choisisse par exemple la Traduction Hebraïque, imprimée chez Ch. Osmont, avec des Notes qui présentent un nouveau Texte Latin, pour tous les passages regardés comme obscurs dans la Vulgate. *Edition nouvelle de* 1740.

Que l'on y joigne une autre Traduction Hebraïque &

Hiſtorique, imprimée en 1742, chez J. B. Lameſle, Pere; dans laquelle on deſigne l'occaſion préciſe, où l'on préſume que chaque Pſeaume a été compoſé par David ou autre; & dans laquelle, en ſuivant ce plan d'Hiſtoire, on a diſtribué tous les Pſeaumes, dans une ſuite toute autre que celle qu'ils ont dans la Vulgate.

Je propoſe le choix de ces deux dernieres Traductions ſuivant l'Hebreu; parce qu'on a tout lieu de croire qu'elles ont été travaillées avec le plus grand ſoin, les plus exactes recherches, & le plus ſerieux examen, facilités par toutes les autres Traductions précédentes.

Si l'on veut ſe donner la ſatisfaction de comparer le Pſeaume XVᵉ de ma double Traduction Littérale & Poëtique, ſuivant la Vulgate, avec ce même Pſeaume des deux Traductions ſuivant l'Hebreu; j'eſpére qu'il ſera facile de reconnoître, que l'on s'eſt trop écarté depuis long-tems de la Vulgate, dans toutes les Traductions où elle a été abandonnée, pour les endroits difficiles à expliquer. Je crois même qu'on jugera qu'il n'eſt pas poſſible qu'elles ſoient conformes à l'Hebreu Original.

Comparaiſon du Pſeaume XV.

Dans ma Traduction Poëtique, le titre de ce Pſeaume inſtructif & de priere annonce, que la confiance en Dieu & la priere ſont le tribut que Dieu exige de l'homme, pour lui accorder les graces du ſalut.

L'argument fait voir enſuite, que c'eſt un fidéle qui commence ce Pſeaume, & qui adreſſe la parole aux fidéles aſſemblés.

1. *Puiſqu'en vous, Seigneur, j'ai mis mon eſpérance; conſervez moi, ai-je dit au Seigneur: étant mon Dieu, vous n'avez pas beſoin de mes biens.*

Un juſte éminent en ſainteté, ou pour mieux dire Jeſus-Chriſt lui-méme, prend ici la parole & dit aux fidéles:

2. *Aux Saints qui ſont ſur la terre du Seigneur, ce fidéle a merveilleuſement exprimé tout ce que je leur demande:*

(3) *Ils ont été chargés d'infirmités ; on les a vû depuis marcher d'un pas rapide.*

Fortifié dans son espérance en Dieu, toujours miséricordieux quand il est imploré dans une humble priere, le fidéle reprend la parole ; pour confondre ceux des Juifs grossiers, qui par une fausse piété ne s'attachoient qu'aux Sacrifices.

4. *J'abandonnerai ces hommes assemblés, pour voir égorger des victimes ; victimes dont je ne daigne pas prononcer les noms : (5) Seigneur, qui êtes ma portion héréditaire, la portion de mon breuvage, vous seul me ferez rentrer dans mon héritage. (6) Qu'elle est belle cette portion mesurée au cordeau ! Que mon héritage est beau !*

7. *Je benirai le Seigneur qui m'a donné l'intelligence ; & qui a fait naître dans mon cœur les mouvemens, qui jusqu'à la nuit m'ont reprimandé.*

Jesus-Christ confirme par son exemple la confiance que ce fidéle a fait voir ; & annonce les merveilles que Dieu operera, pour le tirer de la mort. David prédit ainsi la Résurrection de Jesus-Christ, qui est comme un gage de la Grace qui délivre de la mort du péché ceux qui ont recours à Dieu, & qui leur assure le bonheur de ressusciter & de jouir de la vie éternelle.

8. *Je voyois toujours devant moi le Seigneur, qui est à ma droite pour me soutenir. (9) Cette vuë a remplie mon ame d'une joye, que ma langue a exprimé avec transport : c'est aussi ce qui fait que ma chair réposera dans l'espérance. (10) Non, vous n'abandonnerez point mon ame dans le tombeau ; vous ne permettrez pas que votre Saint soit livré à la corruption.*

Le fidéle finit, & remercie Jesus-Christ, auquel il parle comme à son Dieu Rédempteur.

11. *Vous m'avez fait connoître les chemins de la vie : vous me ferez trouver dans le bonheur de vous voir une joye pleine ; votre droite jusqu'à la fin me fera trouver des délices.*

Ce Pseaume, ainsi distribué suivant la Vulgate, a certainement des beautés, qui font respirer une Poësie solide & satisfaisante : je l'ai accompagné de Notes qui expliquent les sens figurés & Prophétiques.

Dans la premiere Traduction suivant l'Hebreu, tout ce Pseaume XVe est dans la bouche de Jesus-Christ une priere, qui renferme les motifs de son Incarnation ; & qui annonce sa Mort, sa Sépulture, sa Résurrection, sa Gloire éternelle à la droite de Dieu son Pere.

1. *Conservez-moi, Dieu tout-puissant, parce que je mets toute mon espérance en vous : Je dis au Seigneur ; vous êtes mon Dieu, mes biens ne vous sont pas nécessaires.*

2. *Mais ils sont nécessaires aux Saints qui sont sur la terre ; aux Saints & aux Elus, qui sont l'objet de toute ma bienveillance :*

3. *Dès que leurs peines se multiplieront, ils viendront en diligence.*

4. *Je n'offrirai point les Sacrifices sanglans qu'ils avoient coûtume d'offrir : je ne me souviendrai pas même du nom de ces Sacrifices, pour en parler.*

5. *Seigneur, vous êtes tout mon héritage & tout mon bien ; c'est vous qui affermissez mon sort.*

6. *La part qui m'est échuë est délicieuse ; & ce que je posséde m'est infiniment agréable.*

7. *Je benirai le Seigneur qui m'éclaire de ses conseils : la nuit même, le feu dont mon cœur brûle me sert de lumiere.*

8. *Je me tiens toujours en la présence du Seigneur ; parce qu'il est à ma droite pour empêcher que je ne sois ébranlé.*

9. *C'est pour cela que mon cœur est dans la joye, & que*

mon ame est remplie d'allégresse ; & ma chair même
reposera dans une ferme espérance.

10. *Parce que vous ne me laisserez point dans le tombeau ;*
& que vous ne permettrez point que votre Saint éprou-
ve la corruption.

11. *Vous me montrerez le chemin de la vie ; vous me*
rassasierez de joye par la vuë de votre visage, & vous
me ferez gouter à votre droite les délices éternelles.

Dans la Traduction Historique, le Pseaume XVe, devenu
le XLIIIe, est dans le sens littéral, une priere que fit David, lorsqu'il se fut refugié avec six cens hommes chez
Achis Roi de Geth. *Voyez le Livre I. des Rois, chap.* 27.
℣. 2 & 3.

Le Traducteur présume, avec grande apparence, qu'Achis
invita David à embrasser la Religion des Philistins Idolâ-
tres, ou au moins à ne pas la regarder avec aversion. David prie Dieu de le garder d'une telle impieté, & proteste
qu'il lui sera toujours attaché comme au souverain bien ;
que la Terre d'Israël lui sera toujours chere ; qu'il a une
ferme espérance de toujours vivre pour Dieu & de le possé-
der à jamais.

Ce Pseaume est principalement, & dans le sens propre
& naturel, une priere de Jesus-Christ, conversant au milieu
des Juifs & réposant dans son tombeau.

Il est aussi, à proportion, la priere d'un Chrétien, qui se
voit dans le monde environné d'ennemis, qui ne sont capa-
bles que de le séduire, soit par leurs mauvais exemples,
soit par leurs mauvais discours.

1. *Gardez-moi, Seigneur, c'est en vous que je mets ma*
confiance : c'est au Seigneur que j'ai dit ; vous êtes mon
Dieu ; rien ne m'est bon au prix de vous.

2. *Je n'ai d'affection que pour le Sanctuaire, que vous*
avez sur la terre.

3. Ceux-ci ont un grand nombre d'Idoles ; ils courent après des Dieux étrangers.

4. Mais je n'offrirai point le sang de leurs victimes ; je ne prononcerai pas même le nom de leurs Dieux.

5. Le Seigneur est mon partage, il est tout mon bien : c'est vous qui me conserverez l'héritage qui m'est échu par sort.

6. Que la part qui m'est échue est excellente ! que mon héritage m'est précieux !

7. Je benis le Seigneur de l'intelligence qu'il m'a donné ; & des instructions que j'en reçois, même intérieurement pendant la nuit.

8. J'ai toujours le Seigneur devant les yeux ; il est à ma droite, de peur que je ne sois ébranlé.

9. C'est pourquoi mon cœur est dans la joye : ma langue la fait éclater au dehors : ma chair même repose dans l'espérance.

10. Car vous ne laisserez pas mon ame dans les enfers ; vous ne permettrez pas que votre Saint éprouve la corruption.

11. Vous me découvrirez les sentiers de la vie : vous me rassasierez de joye par la vuë de votre visage ; vous me ferez gouter à votre droite d'éternelles délices.

Ma Traduction Poëtique, suivant la Vulgate, présente dans le Pseaume XVe un tableau instructif ; où l'on voit un fidele, qui pour être conservé dans la Justice a recours à Dieu, sçachant que le grand sacrifice qu'il demande est celui d'un cœur qui se remet entre ses mains, tant pour obtenir que pour conserver la grace de lui plaire.

On y voit David, qui représentant Jesus-Christ, paroît comme un Juste éminent en sainteté, à la tête des fideles qu'il est chargé d'instruire : ou pour mieux dire, on y voit

Jesus-Christ, lumiere divine, qui les instruit lui-même, & leur confirme ce que le fidele a annoncé.

Les autres parties de ce Pseaume sont de même développées dans un jour, qui, ce me semble, en facilite l'intelligence.

Les Traductions suivant l'Hebreu confondent le fidele qui prie & le maître qui instruit. Cependant il faut bien distinguer celui quî au ℣. 1. parle en son nom, & celui qui parle au ℣. 2. & 3. Ce dernier dit *mirificavit,* & cite une tierce personne, qui ne peut être que celui qui vient de parler : c'est ce que je crois avoir trouvé assez heureusement pour instruire suivant la Vulgate.

Des Traducteurs suivant la Vulgate ont attribué cette priere à Jesus-Christ : mais, en s'écartant en cela du texte Latin, ils se sont expliqués de façon à ne le pas détruire. Ils n'ont pas fait dire à Jesus-Christ, ainsi que l'on voit dans la premiere Traduction tirée de l'Hebreu au ℣. 2. *Mes biens, mes graces sont nécessaires aux Saints, aux Elus, qui sont l'objet de toute ma bienveillance :* ℣. 3. *dès que leurs peines se multiplieront, ils viendront en diligence.* Ils n'ont pas fait dire à Jesus-Christ, comme on voit dans la Traduction historique au ℣. 2. *Je n'ai d'affection que pour le Sanctuaire que vous avez sur la terre ;* c'est-à-dire, pour les Elus dans lesquels vous habitez. C'est trop assurer que les autres n'ont point de faveurs à attendre. Il est aisé de voir dans la Vulgate que Jesus-Christ dit & fait dire au fidele tout le contraire.

Les Saints, les Elus, dit Jesus-Christ, étoient des hommes foibles, qui ont eu recours à moi ; leurs infirmités étoient sans nombre ; on les a vû depuis, soutenus par ma grace qu'ils m'ont demandé, marcher d'un pas rapide.

Seigneur, dit le fidele, les pécheurs qui aiment leurs foiblesses vous présentent leurs biens méprisables, vous offrent des sacrifices, & vous refusent celui du cœur, le seul qui vous soit agréable. Eclairés par votre lumiere, prévenus par votre grace, qu'ils suivent l'exemple de ceux qui ont désiré la justice, & qui y ont eté conduits & affermis ; leurs prieres obtiendront la grace qui fait les Elus. Vous êtes Seigneur notre souverain bien ; vous seul pouvez nous rendre heureux ; vous seul pouvez par votre grace nous empêcher de vous perdre, & rendre à ceux qui vous implorent, après avoir eu le malheur de vous déplaire, le bonheur de retrouver en vous un pere miséricordieux.

Sur la terre où tous sont éclairés, nous sommes Seigneur par une faveur spéciale votre peuple chéri, comblé de vos lumieres : que notre partage est heureux ! Que notre héritage est beau ! Je ne cesserai de benir le Seigneur qui m'a éclairé avec prédilection ; & qui par le feu de sa lumiere a fait naître dans mon cœur les mouvemens, qui dans mes foiblesses m'ont réprimandé, & m'ont excité à les combattre.

Me sera-t'il permis de dire ici que ces leçons sont instructives, consolantes, & très propres à faire rentrer les pécheurs en eux-mêmes ; & que pour les enseigner il vaut mieux suivre la Vulgate, que de s'en écarter, pour faire parler l'Hebreu tout autrement.

Il me suffira d'avoir fait, pour les sept premiers versets, la comparaison de ma Traduction Poëtique suivant la Vulgate, & des deux Traductions suivant l'Hebreu : on voit assez qu'elles offrent des leçons essentiellement différentes. J'observerai seulement pour les autres versets, qu'il s'y rencontre encore bien des différences moins graves, qui prouvent que l'on abandonne en tout trop facilement la Vulgate. Tous les tems sont changés, suivant le besoin, les présens, les passés, les futurs, & autres ; tout change de face, expressions, constructions ; ensorte que les pensées & par conséquent les instructions ne sont plus les mêmes ; il ne reste de la Vulgate qu'un tissu, brodé comme on a voulu.

Dans la conjugaison des verbes Hebreux, un même mot signifie divers tems, cela est vrai : mais il n'en est pas de même des verbes Grecs & Latins. Quand les Juifs envoyerent à Ptolomée Philadelphe soixante-douze vieillards, pour traduire de l'Hebreu en Grec les livres Saints ; il a certainement fallu pour une traduction exacte, dans toutes les occations où l'Hebreu préfentoit un mot, qui laiffoit deux tems à choifir, que ces interpretes fideles, également inftruits de l'une & l'autre langue, choififfent le tems qui rendoit le plus exactement la penfée ; & ils firent ce choix bien plus fûrement qu'on ne peut faire aujourd'hui.

Quant à la Traduction latine des Pfeaumes, que la plûpart des Sçavans eftiment faite fur celle des Septante, pour tous ceux à qui la langue Latine étoit plus familiere, dans le nouveau peuple choifi, répandu dans tout l'Empire Romain; on ne peut douter qu'elle n'ait été faite, qu'elle n'ait été examinée, avec la même exactitude, avec les mêmes attentions, dès les premiers tems, par des Chrétiens éclairés, par plufieurs d'entre les Juifs Chrétiens, qui entendoient & le Grec & le Latin & l'Hebreu ; afin de donner aux fideles des Prieres latines qu'ils puffent méditer & entendre, pour obtenir & conferver les graces du falut, attachées à la Priere.

Les hommes dociles, qui après une longue & infatigable méditation ne font pas parvenus à pénétrer dans la Vulgate, doivent chrétiennement fe dire à eux-mêmes ; j'entendrai encore moins l'Hebreu.

C'eft donc la Traduction latine, adoptée par l'Eglife, qu'il faut fuivre & s'efforcer de traduire en François à la lettre ; puifqu'elle ne peut être qu'une Traduction pure & invariable, dont on ne doit pas s'écarter, auffi facilement que l'on a fait dans les Traductions fuivant l'Hebreu.

Comparez, dans les deux Traductions Hebraïques, les deux verfets 3 : dira-t'on que l'Hebreu rend également des penfées, qui de l'une à l'autre n'ont aucun rapport ?

Comparez les deux verfets 1 ; les deux verfets 4, à la fin ; les deux verfets 7 ; & obfervez d'ailleurs la liberté prife de changer tous les tems. Ces libertés font un défaut, quand il s'agit de traduire les livres Saints.

Comparez enfin, en tout ou en détail, chacune des deux Traductions fuivant l'Hebreu, avec ma Traduction Poëtique du Pfeaume XV. Vous verrez que ce Pfeaume ne préfente affurément pas le même fujet, le même plan, les mêmes leçons, les mêmes vérités. C'est cependant ce qu'il est important de fixer dans une Poësie inspirée par l'Esprit Saint.

Je me suis un peu étendu dans la comparaison du Pseaume XVe ; afin que ceux qui examineront ma Traduction Poëtique suivant la Vulgate, trouvent plus aisément le moyen de faire la même comparaison pour tous les vingt-six contenus dans l'Essai.

En bien des endroits peu faciles, soit à lier, soit à expliquer, ils jugeront si j'ai été assez heureux, pour découvrir les véritables liaisons, les véritables sens, conformément à la Vulgate ; & s'il ne vaut pas mieux s'y fixer, & s'y conformer de plus en plus, que de chercher dans l'Hebreu des sujets, des liaisons, des sens tout différens.

Maintenir la Vulgate n'est pas détruire l'Hebreu : je dis au contraire qu'en méditant cette Traduction latine, qui doit nous être plus familiere, on ménagera les moyens de la concilier avec l'Hebreu sa source respectable ; pour trouver, reconnoître, & respecter dans toutes les deux une même vérité.

La Vulgate des Pseaumes, sur-tout depuis dix ans, a été ma seule méditation, & depuis plus de cinq mon unique travail : je souhaite que l'étude que j'en ai fait mette les Sçavans en état de faire mieux que moi.

Je crois devoir ajouter ici une derniere observation à toutes mes réfléxions, sur le Pseaume XVe. Il me semble que l'on ne trouve rien dans la Vulgate, qui puisse faire présumer avec la moindre apparence, que le séjour de David chez les Philistins ait été l'occasion précise qui le détermina à composer ce Pseaume.

On ne voit pas même, par la comparaison des deux Traductions Hebraïques, comment l'Hebreu a pû faire présumer cette vraisemblance ; ou il faut que les deux Traducteurs ayent consulté des Hebreux bien différens.

D'ailleurs David, refugié chez les Philistins, est-il bien à cet égard figure de Jesus-Christ conversant au milieu des Juifs, & reposant dans son tombeau ?

Vous avez trouvé, Monsieur, des personnes qui n'ont pas goûté la nouveauté des Interlocuteurs, qui quelquefois paroissent dans un Pseaume. Je répons en général que c'est la Vulgate qui me les a présenté, & qui m'a forcé de les faire parler, pour parvenir à la traduire à la lettre. Sans chercher à me justifier par un trop long détail, je me borne à une réfléxion simple. Si vous voyez que l'on persiste à vous faire cette difficulté; choisissez un Pseaume, avec quelqu'un à qui les beautés de la Poësie soient un peu familieres; examinez quels sont les interlocuteurs que l'on peut supprimer, sans affoiblir le Pseaume, & sans altérer en rien le sens de la Vulgate, dans toutes ses expressions; je promets de me conformer à ce qui sera jugé le meilleur.

Je n'ai point cherché en homme vain à prêter à David mes idées, quand j'ai placé dans un Pseaume plusieurs interlocuteurs; & pour vous en donner la preuve je m'en tiens au Pseaume XV°; j'ai pour garants les Traducteurs du Port-Royal, qui ont donné les Pseaumes en trois Colonnes. Ils ont trés clairement observé, dans la colonne des notes au verset 2, que c'est Jesus - Christ qui parle dans ce verset. Ce n'est donc pas J. C. qui parle au verset précédent; & ce ne peut être, comme je l'ai dit, qu'un simple fidele. Je dois cette pensée à ces Traducteurs habiles; & je ne crains point de dire que ce Pseaume, dans la bouche de David seul, ou de J. C. seul, perd toute sa force, & n'a plus l'exactitude des expressions de la Vulgate. En les suivant, on n'est plus obligé de recourir à l'Hebreu; & j'ose dire, d'y recourir en pure perte, comme j'ai tâché de le faire voir.

J'ai trouvé d'autres notes, qui ne m'ont pas guidé si distinctement, dans le choix des interlocuteurs; mais assez pour me faire sentir nécessaire le parti que j'ai pris, de joindre cette beauté à toutes celles que les argumens decouvrent. Les cinquante Pseaumes, qui paroîtront incessamment, prouveront l'attention que j'ai eu d'exposer, suivant la Vulgate, cette varieté admirable. Ai-je dû, parce qu'elle a été trop négligée, leur faire perdre, en m'écartant de la Vulgate, des richesses qui font l'ame de ces Poësies parfaites?

Je vois, me dites vous, combien vous êtes attaché à la Vulgate : mais c'est pour cela même que l'on est étonné, que vous n'ayez pas eu plus d'égard pour sa ponctuation : celle que vous suivez en plusieurs endroits ne se trouve point ailleurs. Je sens, Monsieur, la difficulté ; & je vous prie de peser ma réponse. Qu'elle est l'édition à laquelle vous voulez me fixer, pour trouver la ponctuation que je dois suivre ? Depuis un siecle on a fait suivant l'Hebreu le plus grand nombre des Traductions Françoises des Pseaumes ; & j'ai remarqué qu'elles ont la plûpart leur source, dans la Traduction latine de Robert Etienne, imprimée à.... en 1644. Ce n'est assurément pas à ces Traductions que vous voulez me renvoyer, pour trouver la vraye ponctuation : les Traducteurs Hebraïsans, entr'eux-mêmes n'en ont point de stable. Voyez les deux dernieres, pour le Pseaume XVe; voyez les, pour le Pseaume XLVIIIe dans lequel ma ponctuation aura quelques endroits, qui pourront vous frapper ; & dans lequel ils ne s'accordent pas, même pour la distribution des versets, & pour les pensées tirées de l'Hebreu. Quand même ils s'accorderoient ; ce n'est pas là que je trouverai la vraye ponctuation, suivant la Vulgate, qu'ils avouent ne pas entendre, puisqu'ils ont recours à l'Hebreu.

On nous annonce la Traduction de M. de Sacy, celle du Port-Royal à trois colonnes, & une de celles de M. Dumont, comme faites suivant la Vulgate ; mais j'y trouve le texte Latin abandonné en bien des endroits, qui déclinent vers l'Hebreu : ainsi j'y chercherois encore inutilement la vraye ponctuation. Et quant aux éditions purement latines des Pseaumes, je n'y vois pour la ponctuation rien de certain. Sont-elles données par des Hebraïsans, ou des Vulgatisans ? De plus, dans la ponctuation, a-t'on cherché celle propre à faire chanter les Pseaumes ; ou celle propre à les faire entendre ? On en voit, où l'on met souvent deux points, pour distinguer les repos du chant, aux endroits qui ne demandent que des virgules. Tant que vous ne me montrerez aucune regle certaine, il ne faut pas vous plaindre de celle que je présente, pour les Pseaumes.

Pour ne pas la préfenter à la légere ; j'ai confulté la **Tra**duction du P. Lallement, qui attaché très-furement à la Vulgate, m'a été d'un grand fecours. C'eft fa ponctuation, fouvent différente de toutes les autres, qui m'a infpiré du courage : & comme j'ai cru voir en plufieurs endroits, extrêmement difficiles, qu'il avoit peut-être par complaifance Hebraïfé un peu la Vulgate, pour fe conformer aux Traductions précédentes ; j'ai ofé alors l'abandonner lui-même, & fuivant l'exemple qu'il m'a donné, j'ai cherché dans une nouvelle ponctuation le moyen de ne manquer en rien à la Vulgate, & de ne pas lui faire perdre un mot. Je fuis perfuadé que fon amour pour la Vulgate me pardonnera cette infidélité.

Ne me dites plus, Monfieur, que je ne fuis pas affez attaché à la ponctuation de la Vulgate : c'eft précifément cette ponctuation, variée de toutes parts pour les Pfeaumes, & par conféquent de toutes parts abandonnée, que je veux préfenter dans un état, qui ne foit plus expofé aux changemens : c'eft pour cela que je préfente, fuivant la Vulgate, le plan d'une Traduction Littérale, qui ne peut être qu'une, & qui fixera la ponctuation du Texte Latin. Mais fera-ce la mienne qu'il faudra choifir ? Je n'en fçais rien : Je préfente avec la plus grande foumiffion aux Sçavans ma Traduction Littérale ; & je fouhaite avec ardeur, qu'on y faffe tous les changemens néceffaires, jufqu'à ce qu'elle foit parfaite. Les changemens faits fixeront la vraye ponctuation.

Je prens Dieu à témoin, que je fuis de chaque part fans la moindre prévention. Si j'ai dit avec quelque franchife mon fentiment fur les Traductions fuivant l'Hebreu ; c'eft la docilité feule qui m'a fait parler, le refpect feul que j'ai pour la Vulgate, fans aucun préjugé pour mon Ouvrage. Si l'on y trouvoit quelque défaut effentiel ; je me trouverai très heureux de pouvoir me corriger & me perfectionner. C'eft vous dire affez, Monfieur, qu'en me faifant part de ce que vous pourrez apprendre à cet égard, moins vous me ménagerez, plus vous ferez fûr de ma reconnoiffance.

APPROBATION.

J'AI lû, par ordre de Monseigneur le Chancelier, *une Lettre de l'Auteur de la double Traduction Littérale & Poëtique des Pseaumes de David, suivant la Vulgate.* A Paris ce vingt Janvier mil sept cent quarante-quatre.

MILLET.

Le prix de cette Lettre est de quatre sols.

De l'Imprimerie de THIBOUST, Imprimeur du ROY, Place de Cambray.